BEI GRIN MACHT SICH IHR WISSEN BEZAHLT

- Wir veröffentlichen Ihre Hausarbeit, Bachelor- und Masterarbeit

- Ihr eigenes eBook und Buch - weltweit in allen wichtigen Shops

- Verdienen Sie an jedem Verkauf

Jetzt bei www.GRIN.com hochladen und kostenlos publizieren

Bibliografische Information der Deutschen Nationalbibliothek:

Die Deutsche Bibliothek verzeichnet diese Publikation in der Deutschen Nationalbibliografie; detaillierte bibliografische Daten sind im Internet über http://dnb.d-nb.de/ abrufbar.

Dieses Werk sowie alle darin enthaltenen einzelnen Beiträge und Abbildungen sind urheberrechtlich geschützt. Jede Verwertung, die nicht ausdrücklich vom Urheberrechtsschutz zugelassen ist, bedarf der vorherigen Zustimmung des Verlages. Das gilt insbesondere für Vervielfältigungen, Bearbeitungen, Übersetzungen, Mikroverfilmungen, Auswertungen durch Datenbanken und für die Einspeicherung und Verarbeitung in elektronische Systeme. Alle Rechte, auch die des auszugsweisen Nachdrucks, der fotomechanischen Wiedergabe (einschließlich Mikrokopie) sowie der Auswertung durch Datenbanken oder ähnliche Einrichtungen, vorbehalten.

Impressum:

Copyright © 2011 GRIN Verlag, Open Publishing GmbH
Druck und Bindung: Books on Demand GmbH, Norderstedt Germany
ISBN: 9783668241619

Dieses Buch bei GRIN:

http://www.grin.com/de/e-book/323054/aktivitaeten-zur-verbesserung-oeffentlicher-wahrnehmung-von-zuwanderern

Larissa Dittmann

Aktivitäten zur Verbesserung öffentlicher Wahrnehmung von Zuwanderern und Förderung gegenseitiger Akzeptanz. Der Verein "Zu Hause e.V."

GRIN Verlag

GRIN - Your knowledge has value

Der GRIN Verlag publiziert seit 1998 wissenschaftliche Arbeiten von Studenten, Hochschullehrern und anderen Akademikern als eBook und gedrucktes Buch. Die Verlagswebsite www.grin.com ist die ideale Plattform zur Veröffentlichung von Hausarbeiten, Abschlussarbeiten, wissenschaftlichen Aufsätzen, Dissertationen und Fachbüchern.

Besuchen Sie uns im Internet:

http://www.grin.com/

http://www.facebook.com/grincom

http://www.twitter.com/grin_com

Bernd-Blindow-Schulen Leipzig
Fachoberschule für Sozialwesen

Projektarbeit

Im Fach Deutsch

„ZU HAUSE E. V."
Aktivitäten des Vereins zur Verbesserung öffentlicher Wahrnehmung von Zuwanderern und Förderung gegenseitiger Akzeptanz

von
Larissa Dittmann
Klasse S8

Ort, Datum: Leipzig, den 28.03.2011

Inhaltsverzeichnis

1 Einführung in die Thematik 3

2 „Zu Hause e. V." 3

    2.1 Gründung des Vereins 3

    2.2 Rechtliche Grundlagen 4

    2.3 Ziele des Vereines 5

3 Aufgaben und Projekte des Vereins 5

    3.1 Sprachkurse 5

    3.2 Sozial-pädagogische Betreuung 6

    3.3 Hausaufgabenhilfe 7

    3.4 Eisenbahnprojekt 7

    3.5 Exkursionen 8

    3.6 Kulinarisches aus aller Welt 9

4 „Jetzt sind wir hier" 10

    4.1 Das Buchprojekt 10

    4.2 Historische Einordnung 11

    4.3 Migration und Integration der Aussiedler 11

    4.4 Präsentation des Buches 12

5 Zukunftsaussichten 13

Quellenverzeichnis 14

Literaturverzeichnis 15

1 Einführung in die Thematik

Bei der Suche nach einem Praktikumsplatz stieß ich auf eine Menge verschiedener Hilfsorganisationen und gemeinnützlicher Vereine in Leipzig, die es sich zur Aufgabe gemacht haben, Menschen mit Migrationshintergrund zu unterstützen und mit ihnen interessante Projekte im sozial-pädagogischen Bereich erfolgreich zu verwirklichen. Der Verein „Zu Hause e.V." hat meine Aufmerksamkeit aufgrund seiner vielfältigen und kreativen Integrationsmaßnamen speziell für Zuwanderer aus den ehemaligen Republiken der Sowjetunion sowie den anderen Ländern auf sich gezogen.

Meine eigene Vorgeschichte bzw. meine Herkunft[1] sind unter anderem die Motivationsauslöser dafür gewesen, dieses Thema „Vereinsarbeit" mit Blick auf die Integration zu untersuchen.

Zu Anfang gebe ich einen kurzen Einblick über die Aktivitäten des Vereins, deren Mitglieder und Entstehung. Danach werde ich die einzelnen Projekte vorstellen und kurz erläutern, wie die Migranten in Leipzig dadurch unterstützt werden. Im Besonderen möchte ich auf das „Buchprojekt" eingehen, da es die öffentliche Wahrnehmung dieser Bevölkerungsgruppe positiv beeinflusst und den Migranten so die Möglichkeit gibt, ihre Erfahrungen Dritten zugänglich zu machen.

2 „ Zu Hause e. V."

Dieser Punkt der Arbeit beschäftigt sich im Allgemeinen mit dem Verein „Zu Hause e.V." und soll somit meinen Praktikumsplatz näher erläutern.

2.1 Gründung des Vereins

Der Name „zu Hause e. V." ist, wie man allgemein annehmen könnte, nicht zufällig gewählt worden. Vielmehr soll dieser Interessenten mit Migrationshintergrund signalisieren, dass jeder, der sich an den Verein richtet, mit all seinen Anliegen und Problemen willkommen ist, sich wie zu Hause fühlen kann. Die Geschäftsführerin Frau Heidelore Kretschmer, früher selber Deutschlehrerin, berichtet:

> „Mit dem Inkrafttreten des neuen Zuwanderungsgesetzes am 01.01.2005 veränderten sich die Rahmenbedingungen für die Durchführung von Deutschsprachkursen. Die Finanzmittel, die bisher die soziale Betreuung von Zuwanderern sicherten, fielen weg. Wir mussten selbst nach Möglichkeiten suchen, auf die veränderten Bedingungen bei der Durchführung von Sprachkursen und in der Sozialbetreuung der Migranten zu re-

---

[1] Ich stamme aus Russland und bin 1998 mit meiner Familie nach Deutschland ausgewandert

agieren. Wir waren gezwungen, uns mit neuen Lösungsansätzen zu beschäftigen: Die Vorbereitungen für den Aufbau unserer gemeinnützigen Institution begannen. Bereits vier Monate später, am 05.04.2005, wurde der „Zu Hause e.V." gegründet."[2]

Durch jahrzehntelange Arbeit auf dem Sektor „Deutsch als Fremdsprache" bestärkt, wagte sie also einen Schritt, der anscheinend längst überfällig war. Nicht eine Schule allein sollte für das Wohlergehen von Leipziger Migranten sorgen, ein ganzer Verein, ein emsiger Betrieb strebsamer Lehrer und Angestellter sollte den Eintritt in die Bundesrepublik Deutschland für Zuwanderer ebnen. Bis heute verfolgt man damit eine erfolgreiche Kursführung einer ebenso erfolgreichen Integration unzähliger Zuwanderer.

2.2 Rechtliche Grundlagen

Das Vereinsrecht als Rechtsgebiet, welches die Gründung und Organisation von Vereinen reguliert, ist im BGB gesetzlich verankert. Gemäß GG Artikel 9 (1) heißt es: „Alle Deutschen haben das Recht, Vereine und Gesellschaften zu bilden", und Artikel 9 (3) lautet wie folgt: „Das Recht zur Wahrung und Förderung der Arbeits- und Wirtschaftsbedingungen Vereinigungen zu bilden, ist für jedermann und für alle Berufe gewährleistet". Ein Verein ist nach deutschem Zivilrecht der Zusammenschluss von mehreren Mitgliedern unter einem Vereinsnamen zur Erzielung eines gemeinsamen Zwecks.[3]

Durch Eintragung in das Vereinsregister des zuständigen Amtsgerichtes nach § 21 BGB erhält ein nicht wirtschaftlicher Verein den Status einer juristischen Person und die Vereinsautonomie, was bedeutet, dass der Verein seine eigene Verfassung weitgehend selbst bestimmen kann. Die Aufgabe des gemeinnützlichen Vereines ist die Förderung des allgemeinen Wohls. Viele nicht staatliche Hilfswerke und kulturelle Institutionen sind als „gemeinnützig" anerkannt worden und steuerlich begünstigt.[4]

Unter dem Begriff „Gemeinnützlichkeit" definiert der „Zu Hause e.V." die friedliche Koexistenz verschiedener Kulturen und das Praktizieren gegenseitiger Achtung und Toleranz im Alltag als auch im Berufsleben. Wie die Geschäftsführerin Frau Heidelore Kretschmer selbst treffend formuliert:

„Eine gelungene Integration von Einwandern ist keine Einbahnstraße".

Dieses ehrgeizige Vorhaben kann jedoch nur dann gelingen, wenn Ausländerinnen und Ausländer, welche sich rechtmäßig und dauerhaft in Deutschland befinden, die Werte und Grundlagen einer demokratischen Gesellschaft aneignen und diese akzeptieren. Dabei richtet sich der Blick auf einen chancengleichen Zugang zum wirtschaftlichen, gesellschaftlichen und sozialen Leben in Deutschland.

---

[2] Interview mit Frau H. Kretschmer am 28.02.2011
[3] N.N.: http://de.wikipedia.org/wiki/Vereinsrecht_(Deutschland), gefunden am 14.03.2011
[4] N.N.: http://de.wikipedia.org/wiki/Gemeinnützig, gefunden am 14.03.2011

2.3 Ziele des Vereines

Nach Angaben des Statistischen Landesamtes Sachsen hatten Ende 2009 rund 32.000 Ausländer ihren Hauptwohnsitz in Leipzig. Das entspricht etwa 6,3 Prozent der städtischen Wohnbevölkerung. Ausländische Bürgerinnen und Bürger in Leipzig stammen aus 159 Ländern, wobei die größten Gruppen der melderechtlich in Leipzig registrierten Migranten aus der Ukraine, Russland, Vietnam, Polen, China, Irak, der Türkei, Italien, Frankreich und den Vereinigten Staaten kommen.[5] Diejenigen, die als Spätaussiedler und Eingebürgerte bereits die deutsche Staatsbürgerschaft besitzen, wurden in der oben genannten Zahl nicht miterfasst.

Der Verein ist bemüht, alle Anstrengungen zu fördern, die die Zuwanderer bei ihrem Alltag in Deutschland unterstützen. Dazu gehören vor allem die Bewältigung von Sprachbarrieren und den Einstieg in das Berufsleben bzw. in eine Berufsausbildung.

> „Unser Verein zur Integration von Menschen mit dem Migrationshintergrund „zu Hause e.V." hat sich in erster Linie zum Ziel gesetzt, die allseitige gesellschaftliche und soziale Integration sowie die Erweiterung und Vertiefung des Kommunikationsvermögens der Zuwanderer zu fördern. Unser Hauptaugenmerk liegt dabei auf den baldmöglichsten Einstieg unserer Klientel in den ersten Arbeitsmarkt der Bundesrepublik Deutschland."[6]

betont Frau Heidelore Kretschmer.

3 Aufgaben und Projekte des Vereins

Der Verein „zu Hause" bietet neben Sprachkursen eine Menge an weiteren Angeboten, die der Integration und dem Wohl der Zuwanderer dienen. Diese sollen nun weiter beschrieben werden.

3.1 Sprachkurse

Die Hauptaufgabe des Vereins „zu Hause" besteht in der Vermittlung der deutschen Sprache an die Migranten. Den Zuwanderern steht ein umfassendes Angebot an Sprachkursen zum Erwerb der deutschen Sprache zur Verfügung. Seit der Gründung des „Zu Hause e.V." haben insgesamt 22 Deutschsprachkursgruppen mit mehr als 1000 Teilnehmer/innen erfolgreich einen Deutschkurs absolviert. Dazu gehören elementare Deutschkurse in den Niveaustufen A1 und A2, auf selbständige Sprachverwendung zielende Kurse B1 und B2 und Aufbaukurse C1 und C2. Zusätzlich bietet der „Zu Hause e.V." auch Alphabetisierungskurse für

---

[5] N.N.:http://www.leipzig.de/de/buerger/service/angebote/migranten/statistik, gefunden am 14.03.2011
[6] Interview mit Frau H. Kretschmer am 28.02.2011

die Schreib- und Leseunkundige, Elternintegrationskurse mit Kleinkindbetreuung während der Unterrichtseinheiten sowie Integrationskurse für Gehörlose an[7].

Der fakultative Konversationskurs wird ergänzend zu den Sprachkursen angeboten. Der Kurs dient dem besseren Verständnis der deutschen Kultur und dessen Tradition, man spricht über regionale Besonderheiten und aktuelle Geschehnisse. Ein Schwerpunkt hierbei stützt sich auf den Abbau von Sprachblockaden und auf die Förderung des kulturellen Austausches.

3.2 Sozial-pädagogische Betreuung

Die Neuankömmlinge müssen sich unmittelbar nach der Einreise um viele Formalitäten, wie z.B. die Anerkennung der Studiengänge, Berufsausbildungen, Führerscheine und anderen Urkunden kümmern. Die Zuwanderer stehen nunmehr vor der Aufgabe, in kurzer Zeit die Behördengänge zu bewältigen. Aufgrund der auftretenden Sprachdefizite sind die Migranten dennoch auf Unterstützung angewiesen, da sie über wenige Vorkenntnisse über die bürokratischen Abläufe in Deutschland verfügen.

Das Aufgabenfeld der Sozialarbeiter im „Zu Hause e.V." ist sehr vielfältig. Der Verein beschäftigt erfahrende, kontaktfreudige und sprachkompetente Sozialpädagogen, die zum größten Teil selbst einen Migrationshintergrund haben. Diese Mitarbeiter engagieren sich für gezielte Beratung der Zuwanderer bei Antragsstellungen aller Art und in jeder Art von Problemfällen, begleiten sie bei Behördengängen oder Arztbesuchen, beraten bei der Suche nach einer geeigneten Wohnung und führen persönliche Gespräche zur Orientierung in ihrer neuen Heimat. Dabei müssen sie sich zeitweise mit komplexen Problemen wie die Anerkennung eines Hochschul- oder Universitätsabschlusses auseinandersetzen. Dieser Sachverhalt stellt für die Betroffenen eine große Herausforderung, da diese ohne ausreichende Sprachkenntnisse und mangelnde Erfahrung mit dem deutschen Rechtssystem, den Problemen unbeholfen gegenüber stehen. Der „Zu Hause e.V." trägt mit seinen engagierten Sozialarbeitern dazu bei, den Zuwanderern effektiv bei der Bewältigung verschiedenster bürokratischer Hürden unter die Arme zu greifen.

Doch es gibt noch andere, weitaus tiefgehende Problemfälle, die den Verein beschäftigen. Menschen, die durch Handicaps gezeichnet sind, benötigen zum Beispiel oft noch mehr Hilfe und Unterstützung als gesunde, uneingeschränkte Migranten. Neben medizinischen Aspekten spielen hier die seelischen und sozialen Faktoren eine bedeutsame Rolle. Bei Menschen mit Behinderungen jeglicher Art sind die Angst vor sozialer Isolation, finanzieller Not, der die eigene Arbeitsmoral unbefriedigenden Abhängigkeit von den Ämtern und beruflicher Benachteiligung, oft sogar Diskriminierung, ein diese Personen verschreckender Bestandteil des täglichen Lebens geworden, der zuweilen traurig, rat- und mutlos macht.

---

[7] N.N.: http://www.zuhause-ev.de/integrationskurse.html, gefunden am 03.03.2011

Viele Betroffene und ihre Angehörigen wenden sich daher mit ihren Sorgen hilfesuchend an den „zu Hause e.V.". So ermöglicht der Verein bereits seit mehreren Jahren gehörlosen Migranten aus ganz Sachsen Sprachkurse mit einem abschließenden Deutsch-Test für Zuwanderer, der das wahre Potential dieser als Randgruppe gehandelten Menschen zu zeigen vermag.

3.3 Hausaufgabenhilfe

Oft stellen die Eltern in Zuwandererfamilien sehr hohe Ansprüche an die schulischen Leistungen ihrer Kinder und an die Schule selbst. „Allerdings stehen diese Wünsche nicht zwangsläufig in einem direkten Zusammenhang mit dem Handeln der Eltern. Die Kinder werden im Laufe der Schulzeit häufig mit ihren Problemen alleine gelassen."[8]

Aufgrund der geringeren Sprachkenntnisse und dem fehlenden Wissen über die Leistungsanforderungen an den deutschen Schulen sind viele Eltern nicht in der Lage, ihren Kindern zu helfen.

Hier schafft der Verein eine Abhilfe. Seit Februar 2010 bietet „zu Hause e.V." in Leipzig-Grünau und im Zentrum der Stadt eine kostenlose Hausaufgabenhilfe für Kinder mit Migrationshintergrund an. Schulaufgaben, Referate und Vorbereitungen auf Klassenarbeiten in Mathematik, Deutsch, Englisch sowie anderen Fächer werden hier unter der Anleitung von erfahrenen, meist zweisprachigen Lehrern betreut. Der aktuelle Lehrstoff wird bei Bedarf geklärt und wiederholt.[9]

Seit Anfang meines Praktikums beim „zu Hause e.V." konnte ich beobachten, wie Kinder, die regelmäßig ihre Hausaufgaben unter fachgerechter Betreuung erledigten, ihre sprachlichen und sozialen Fähigkeiten ausbauen konnten. Ihre schulischen Leistungen verbesserten sich, sie wurden sicherer im Umgang mit der deutschen Sprache, was einen guten Einfluss auf ihre schulische und persönliche Entwicklung hatte. Durch die positive Resonanz der Eltern und der Mundpropaganda konnte das Projekt einen deutlichen Zuwachs an Schülern verzeichnen werden. In vielen Fällen wurden die Kinder motivierter und nicht mehr versetzungsgefährdet. Die Hausaufgabenbetreuung wird als große Entlastung für die Zuwandererfamilien wahrgenommen.

3.4 Eisenbahnprojekt

Am 18. November 2009 startete das Eisenbahn-Projekt für die Kinder. Unter der Führung des Vereins „zu Hause e.V." entstand ein besonderes Projekt, zu dem alle Kinder aus Leipzig, von Zuwanderern und Einheimischen, eingeladen waren. In einjähriger Schaffensphase wurde eine Modelleisenbahn von Kinderhänden entwickelt und gebaut. Von Montag

---

[8] Luft, Stefan: Wie funktioniert Integration? Mechanismen und Prozesse. München 2009, S.27
[9] N.N.: http://www.zuhause-ev.de/hausaufgabenhilfe.html, gefunden am 03.03.2011

bis Freitag konnten Kinder nach der Schule vorbeikommen und aktiv bei der Gestaltung des Projekts mitarbeiten.

Dabei spielte das Resultat nicht die Hauptrolle - es ging um das Miteinander, das gegenseitige Kennenlernen, Beschnuppern und Erfahrungen sammeln. Auch hier waren es hauptsächlich Kinder aus verschiedenen Herkunftsländern, mit unterschiedlichen Lebensläufen und Religionen, die ihre Einflüsse mit einbrachten und gemeinsam etwas schafften, worauf sie stolz sein konnten. Dabei wurden sie von erfahrenen Mitarbeitern vom „Zu Hause e.V." begleitet. Gerade Kinder von Zuwanderern sollten erfahren, wie es ist, in einer Gemeinschaft kreativ zu sein, die neu und fremd für sie ist. Die jungen Modelleisenbahner bekamen eine Holzplatte zur Verfügung gestellt, die sie selbst gestalten sollten. Jeder Einzelne ist dabei wichtig; sei es bei der Herstellung von Gebäuden, der Gestaltung der Fahrtstrecke oder dem Bau des Schienennetzes. Bekannterweise lernen Kinder am besten bei einer sinnvollen Beschäftigung, bei der sie kreativ tätig sein können. Dabei ist es nicht wichtig, welche Sprache sie sprechen und aus welchem Land sie kommen. Die Gestik, Körpersprache und die gemeinsame Freude über das Erreichte gibt ihnen Kraft, Freude und Zuversicht, bringt sie in der Entwicklung weiter. Darin besteht die Botschaft des Projektes von „Zu Hause e.V."[10].

Der Verein legte bei diesem Eisenbahnprojekt besonderen Wert auf die sprachliche und schulische Entwicklung von Kindern Einheimischer und Zuwanderer. Im gemeinsamen Wirken sollten Begegnungsängste abgebaut und im gestalterischen Miteinander durch neue Erfahrungen ersetzt wurden. Parallel dazu wurde naturwissenschaftliches Wissen vermittelt, wie etwa die Grundlagen in der Holzverarbeitung, Dekorationsmalerei und der künstlerischen Gestaltung.

3.5 Exkursionen

„Man muss die Grenzen der Stadt verlassen, um viele neue Dinge entdecken zu können."[11] Nach diesem Motto werden die erst kürzlich zugewanderten Mitbürger animiert, ihre neue Wahlheimat besser kennenzulernen. Die Umgebung von Leipzig, die Städte wie Dresden, Berlin und Weimar mit seiner Vielfacht an kulturellen und zeitgeschichtlichen Einrichtungen eignen sich optimal für verschiedene Bildungs- und Entdeckungsreisen innerhalb Deutschlands.

> „Wir organisieren regelmäßige Ausflüge in die nähere Umgebung von Leipzig. Dabei legen wir großen Wert darauf, dass die Migranten viel Neues über die kulturellen und historischen Hintergründe in Erfahrung bringen. Dabei soll sich jeder Teilnehmer in der Gemeinschaft wohlfühlen und neue soziale Kontakte knüpfen.",[12]

---

[10] N.N.: http://www.zuhause-ev.de/eisenbahnprojekt.htm, gefunden am 03.03.2011
[11] N.N.: http://www.zuhause-ev.de/reisen.html, gefunden am 03.03.2011
[12] Interview mit Frau H. Kretschmer am 28.02.2011

weiß Frau Heidelore Kretschmer.

Und tatsächlich: im Dezember 2010 zum Beispiel organisierte der Verein einen Ausflug zur „Pfefferküchlerei" in Weißenberg, Sachsen. Ca. 60 Mitglieder des Vereins nahmen daran teil und erklärten sich sogar bereit, in volkstümlichen Kostümen aus dem weihnachtlichen Russland auf dem Marktplatz der Stadt aufzutreten. Anschließend wurden sie durch die altertümliche „Pfefferküchlerei" geführt und bekamen so aus erster Hand einen Einblick in die Backkunst und Lebensweisen der Sachsen Anfang des 20. Jahrhunderts. Während der Anreise wurden die Aussiedler durch fachkundige Einheimische über die historischen und geographischen Besonderheiten der Region aufgeklärt und es ergaben sich interessante Gespräche über Land und Kultur der Deutschen. Diese Ausflüge erfreuen sich großer Beliebtheit, denn in der Gruppe fühlen sich die Wahldeutschen sicherer und haben die Möglichkeit, das Erlebte mir anderen zu teilen.

„Stets bemüht um eine vielseitige Auswahl veranstaltet der „Zu Hause e.V." für die Zuwanderer Bildungsreisen nicht nur durch Deutschland, sondern sogar zu ihnen noch unbekannten Ländern wie Frankreich oder Italien. Sehr beliebt ist hier unter anderem die jährlich stattfindende Pfingstreise nach Tschechien, die weitaus mehr bietet als den für meisten Reiseunternehmen obligatorischen, allerdings ziemlich einfältigen Besuch der Stadt Prag. Unter einem immer wieder anderen Motto reist man drei Tage durch das zu dieser Jahreszeit zumeist sonnige Böhmen und erfreut sich beispielsweise für die Geschichte und somit ebenso für das Allgemeinwissen wichtigen Reisestationen in lustiger Gemeinschaft an den kulinarischen Feinheiten des Landes."[13]

3.6 Kulinarisches aus aller Welt

Das Essen, seine Zubereitung und regionale Lebensmittel sind ein wichtiger Bestandteil jeder Nation. Es weckt Kindheitserinnerungen und lässt das Heimweh nur halb so schmerzlich erscheinen. Das sogenannte „Kochbuch" ist ein weiteres Projekt des Vereins. Hier treffen sich Menschen, die sich für internationale Küche interessieren und gerne neue Rezepte ausprobieren. Die Teilnehmer unterschiedlicher Herkunft haben die Möglichkeit, köstliche landesstypische Gerichte aus ihrer Heimat zuzubereiten und sich untereinander auszutauschen. Somit sollen neue Gaumenfreuden Abwechslung in den Küchenalltag bringen.

Hier ein Auszug aus der Speisekarte des Projekts: russische Sauerkrautsuppe, nach einem alten traditionellen Rezept gekocht, seit jeher in allen Bevölkerungsschichten in Russland geschätzt. So wurde sie bei der Zarenfamilie ebenso serviert wie in den einfachen Hütten der Dörfer. Vietnamesische Teilnehmerinnen zeigen den Anderen, wie man ein herrliches Rinderragout, den „Loc Lac" zubereitet, in dessen Sause sich Aromen von Tomaten, Fisch und Austern, sowie Reiswein vereinen. Eine andere Köstlichkeit, die bei diesem Projekt gekocht

---

[13] Interview mit Frau H. Kretschmer am 28.02.2011

wird, stammt aus Kroatien: ein saftiges, mit Backpflaumen gefülltes Schweinefilet. Dieses Gericht wurde nach dem Städtchen Stubica in der Nähe von Zagreb genannt.
Dabei ist der soziale Aspekt dieser Treffen nicht zu unterschätzen. Frauen, die sonst kaum Kontakt zu anderen Bevölkerungsgruppen haben, können hier aufeinander zugehen und ihre Sprachkompetenz verbessern.

4 „Jetzt sind wir hier"

Eines der wichtigsten Aufgabenfelder, mit denen sich der Verein in den letzten Jahren beschäftigt hat, ist die Aufarbeitung der Geschichte einzelner Migranten. Dies geschah im Rahmen eines Projektes, das ein Buch zum Ergebnis hatte und nun in seiner Fülle verständlich erörtert werden soll.

4.1 Das Buchprojekt

Ein experimentelles Projekt des „Zu Hause e. V."s ist das Buch „Jetzt sind wir hier – Gespräche mit Zuwanderern aus der ehemaligen Sowjetunion". Diese Buchpublikation, in der in Leipzig lebende Mitbürger unterschiedlicher Konfession und unterschiedlichen Alters zu Wort kommen, wurde 2008 veröffentlicht und beinhaltet zwanzig Lebensgeschichten von Migranten aus der ehemaligen Sowjetunion .

Das über 300 Seiten umfassende Buch schildert die einzelnen Schicksale Leipziger Zuwanderer und ist in Form von Einzelgespräche gestaltet. Die russischsprachige Migranten berichten über die historische Hintergründe ihrer Auswanderung und die zahlreiche Erlebnisse, die ihnen in Deutschland widerfahren sind. Jede Lebensgeschichte in diesem Werk beinhaltet spezielle Informationen über Kultur, Geschichte und die gesellschaftliche Strukturen in den ehemaligen Sowjetrepubliken, wie sie in dieser Art in einem Geschichtsbuch nicht zu finden sind.

Dank der subjektiven Erfahrungsberichte der Zeitzeugen gewinnt der Leser eine bestimmte emotionale Vorstellung von Begriffen wie: „Vertreibung", "Entkulakisierung", "Schwarzer Rabe", „Tauwetter", „Perestroika". Aber auch die schöne Jugendzeit, das Familienleben, der Glaube und die Hoffnung auf eine bessere Zukunft sind Gegenstand der Erinnerungen[14].

So berichtet beispielsweise Adolf Fritz, 1922 in der Republik der Wolgadeutschen geboren, über seine Kindheit während der schrecklichen Hungerjahre in dieser Region der ehemaligen Sowjetunion, seine Jugend, die durch die Repressionen und Kollektivierung[15] gezeichnet wurde, die Verbannung der Russlanddeutschen nach Sibirien und Kasachstan mit dem

---

[14] N.N.: http://www.zuhause-ev.de/buchprojekt.html, gefunden am 03.03.2011
[15] „freiwilliger" Eintritt in einen Kolchos oder Sowchos, dem das gesamte private wirtschaftliche Vermögen übereignet wurde

Kriegsausbruch in 1941 sowie seine Erfahrungen in der „Trudarmee"[16], als er für sechs Jahre zur Zwangsarbeit aufgrund seiner deutschen Abstammung verurteilt wurde. Unter anderen schildert Adolf Fritz seine 40-jährige Tätigkeit als Deutschlehrer an einer Realschule in Tscheljabinsk, den Entschluss nach Deutschland auszuwandern und seine ersten Eindrücke und Erlebnisse in der Bundesrepublik. An ein Schlüsselerlebnis erinnert er sich im Buch:

> „Der Weg zu unserer Einbürgerung war nicht unbedingt eben. Das Gefühl, wirklich hier angekommen zu sein, gab mir mein Arzt. Als er in seiner Sprechstunde nach meinem Namen fragte, antwortete ich: ‚Adolf Fritz, geboren im Dorf Preuß, Kanton Seelmann, Republik der Wolgadeutschen.' Der Arzt sah mich sehr freundlich an und sagte: ‚Ein wunderschöner alter deutscher Name.' Mein ganzes Wesen jubelte: jetzt bin ich zu Hause! Ich war glücklich und so ist es bis heute, fünfzehn Jahre später."[17]

4.2 Historische Einordnung

Bereits ab dem 12. Jahrhundert wanderten viele deutsche Bauernfamilien nach Russland aus. Sie sollten die großen unbebauten Gebiete besiedeln und urbar machen, damit es landwirtschaftlich genutzt werden konnte. Katharina II, Russische Zarin und gebürtige Prinzessin Sophie Auguste Friederike von Anhalt-Zerbst-Dornburg, versprach den Siedlern Religions- und Steuerfreiheit, Selbstverwaltung und die Befreiung vom Militärdienst. Bis 1768 siedelten sich allein in das Wolgagebiet rund 30 000 Deutsche an.

Mit dem Angriff der Nazis auf die Sowjetunion 1941 galten die Deutschen nunmehr als potenzielle Kollaborateure. Sie wurden in den Ural, nach Kasachstan und Sibirien deportiert. Sämtliche Grundrechte wurden ihnen aberkannt und bis auf ein paar persönliche Habseligkeiten blieb ihnen nichts. Die Männer im Alter zwischen 14 und 60 Jahren wurden gezwungen in Arbeitslagern unter unmenschlichen Bedingungen zu arbeiten. Mehrere Hunderttausende (die Dunkelziffer schwankt um die 700.000 Menschen) starben in dieser Zeit vor allem an schlechten Arbeits-, Lebens- bzw. hygienischen Bedingungen.[18]

4.3 Migration und Integration der Aussiedler

Viele Russlanddeutsche, die die Suche nach ihren Wurzeln nie aufgegeben und den Entschluss gefasst haben, nach Deutschland zurückzukehren, leiden jedoch bis heute darunter, dass sie hier als „Fremde" wahrgenommen werden. Laut der verschiedenen Erfahrungsberichte im Buch gelingt es ihnen nicht, weder in dem einen noch in dem anderen Land, Fuß zu fassen. Im folgenden Abschnitt schildern die Betroffen ihre Erinnerungen: „Hier bleibe ich immer die Russin, in Russland war ich nur die Deutsche."[19] Wer bin ich, wo gehöre ich hin?

---

[16] Von Russisch: Trud = Arbeit
[17] Beller, Anna u. a.: „Jetzt sind wir hier", Leipzig 2008, S.92
[18] N.N.: http://de.wikipedia.org/wiki/Geschichte_der_Russlanddeutschen#Deutsche_Siedler_in_Russland, gefunden am 05.03.2011
[19] Beller, Anna u. a.: „Jetzt sind wir hier", Leipzig 2008, S. 315

Um dieses Thema kreist der vorliegende Band, in dem Zuwanderer aus der ehemaligen Sowjetunion über ihr Schicksal berichten.[20]
„Die Integration der (Spät-)Aussiedler als einer besonderen Einwanderungsgruppe in die bundesrepublikanische Gesellschaft braucht neben all der anderen Zeit. Doch Zeit allein führt nicht zur Integration. Sie bedarf der Anstrengungen aller Beteiligten, ihr Erfolg wird zum einen von den Entwicklungen in den interdependenten Problemfeldern Arbeit, Wohnen und Sprache abhängen, zum anderen von der Akzeptanz und den Kontakten zur einheimischen Bevölkerung. (...) Die Integration der Aussiedler nur auf ein moralisches Problem zu reduzieren, was diese wiederum als Sondergruppe ausweist, wäre genauso verfehlt, wie das Problem durch Solidaritätsaufrufe lösen zu wollen."[21]
„Nicht zuletzt bei der staatlichen Förderung der Eingliederung von Zugewanderten ergeben sich gesellschaftspolitische Problemlagen, welche die Akzeptanz solcher Bemühungen in der bereits ansässigen Bevölkerung betreffen. Diese resultieren nicht allein aus der Tatsache, dass Neuzugewanderte überwiegend mit sozial schlechter gestellten Bevölkerungsgruppen um Arbeit, Wohnmöglichkeiten bzw. (Erwerbs- oder Transfer-) einkommen konkurrieren. Um die Aufnahme- und Integrationsbereitschaft der einheimischen Bevölkerung zu steigern, ist daher eine aktive Förderung gegenüber der Migrationsrealität von großer Bedeutung."[22]
„Wir dachten, wenn wir nach Deutschland kommen, finden wir hier unser Zuhause. Aber bei meiner Generation ist es nicht so. Auch mein Sohn wird hier kein Zuhause finden. Vielleicht meine Enkelin"[23] sagt die 72-jährige Elene Gergardt.

4.4 Präsentation des Buches

Auf der Grundlage des Buches wurde durch die Mitarbeiter von „Zu Hause e. V." eine multimediale Präsentationsreihe zum Thema Migration und Integration erarbeitet.

> „Seit August 2009 arbeiten 6 zusätzlich angestellte Lehrer aus den Reihen der Zuwanderer an der lehrplangerechten und methodischen Aufbereitung des Buches zu den unterschiedlichsten Themenschwerpunkten entsprechend der Vorgaben von Fachlehrern der einzelnen Schulen",[24]

erzählt die Geschäftsführerin Heidelore Kretschmer. Seit der Veröffentlichung führten die Mitarbeiter des Vereines zahlreiche Buchpräsentationen in den Leipziger Schulen und Gymnasien durch, wie z.B. in der Dr. P. Rahn & Partner-Schule, dem Friedrich-Schiller-Gymnasium, der Johannes-Kepler-Schule und dem Max-Klinger-Gymnasium.

---

[20] N.N.: http://www.zuhause-ev.de/buchprojekt.html, gefunden am 03.03.2011
[21] Ingenhorst, Heinz: die Russlanddeutschen: Aussiedler zwischen Tradition und Moderne, Frankfurt/Main; New York 1997, S.208
[22] Berger, Kai-Uwe: Migration und Integration, Opladen 2000, S.82
[23] Beller, Anna u. a.: „Jetzt sind wir hier", Leipzig 2008, S.31
[24] Interview mit Frau H. Kretschmer am 28.02.2011

Die Schilderungen besitzen persönlichen Charakter und sollen zum besseren Verständnis der Zuwanderer beitragen. Die Auseinandersetzung mit dieser Thematik setzte jedoch voraus, dass alle Beteiligten den Mut zum Blick in die Vergangenheit haben. Die Bereitschaft, ihr Wissen und Erfahrungen an die nächste Generation weiterzugeben, sie zum Nachdenken anzuregen und um Verständnis sowie Toleranz für Fremde zu werben, stellte jedoch sprachlich eine große Herausforderung für die Aussiedler dar.

Die Buchpräsentation „Jetzt sind wir hier" ist ein sehr gelungenes Projekt des „Zu Hause"-Vereines. Es zeichnet ein objektives Bild vom Leben der Menschen vor und nach der Auswanderung, öffnet neue Sichtweisen, macht betroffen und baut Vorurteile ab.

5 Zukunftsaussichten

Zusammenfassend kann man sagen, dass man den „Zu Hause" Verein als ein erfolgreiches Projekt zur Realisation von Eingliederung der Zuwanderer zu bewerten ist. Bei genauerer Betrachtung deckt die Angebotspalette für Zuwanderer fast alle Lebensbereiche ab und unterstützt die Sorgen und Bedürfnisse dieser Menschen in jeglicher Form. Besonders die Auseinandersetzung mit den Alltagsproblemen, sprich die Arbeit der Sozialarbeiter, der Deutschlehrer als auch die Projekte mit den Kindern, ist ein wichtiger Beitrag zur Verwirklichung einer erfolgreichen Integration in Deutschland.

Dennoch gibt es auf vielen Ebenen Verbesserungsbedarf. Die unterschiedlichen Auffassungen bei Themen wie Arbeitsmoral, Disziplin und Eigenmotivation lassen immer wieder Konfliktsituationen entstehen. Bei der Zusammenarbeit von Deutschen und Einwanderern treten im Alltag nicht nur aufgrund der Sprachbarriere, sondern auch wegen der Mentalitätsunterschiede Missverständnisse und Uneinigkeiten auf, die diplomatisch gelöst werden müssen.

Die Wichtigkeit solcher Vereine und Institutionen ist unumstritten. Allgemein ist bekannt, dass Neuzuwanderer, die aktiv die Angebote solcher Vereine nutzen, zum einen über eine bessere Sprachbeherrschung verfügen als diejenigen, die nur die Pflichtkurse belegen. Zum anderen konnte ein deutlicher Anstieg der Lebensqualität durch den Erhalt eines Arbeitsplatzes und durch die erfolgreiche Teilnahme am sozialen Leben in Deutschland erfolgen.

Aus diesem Grund sollte die Vereinsarbeit noch mehr gefördert werden, da sie einen entscheidenden Beitrag zum gegenseitigen Akzeptanz und Toleranz der Einheimischen und Zuwanderern leistet. Jedoch sind die Früchte dieser komplexen sozialen Arbeit statistisch schwer zu erfassen. Trotzdem kann man es als Erfolg werten, wenn beide Seiten durch die Vielzahl der Projekte ein besseres Verständnis füreinander entwickeln und dies einen positiven Einfluss auf das harmonische Zusammenleben der Kulturen ermöglicht.

Quellenverzeichnis

[1] Interview mit Frau Heidelore Kretschmer am 28.02.2011

[2] N.N.: http://de.wikipedia.org/wiki/Vereinsrecht_(Deutschland), gefunden am 14.03.2011

[3] N.N.: http://de.wikipedia.org/wiki/Gemeinnützig, gefunden am 14.03.2011

[4] N.N.:http://www.leipzig.de/de/buerger/service/angebote/migranten/statistik, gefunden am 14.03.2011

[5] Interview mit Frau H. Kretschmer am 28.02.2011

[6] N.N.: http://www.zuhause-ev.de/integrationskurse.html, gefunden am 03.03.2011

[7] Luft, Stefan: Wie funktioniert Integration? Mechanismen und Prozesse. München 2009, S.27

[8] N.N.: http://www.zuhause-ev.de/hausaufgabenhilfe.html, gefunden am 03.03.2011

[9] N.N.: http://www.zuhause-ev.de/eisenbahnprojekt.htm, gefunden am 03.03.2011

[10] N.N.: http://www.zuhause-ev.de/reisen.html, gefunden am 03.03.2011

[11] Interview mit Frau H. Kretschmer am 28.02.2011

[12] Interview mit Frau H. Kretschmer am 28.02.2011

[13] N.N.: http://www.zuhause-ev.de/buchprojekt.html, gefunden am 03.03.2011

[14 Beller, Anna u. a.: „Jetzt sind wir hier", Leipzig 2008, S.92

[15]N.N.:http://de.wikipedia.org/wiki/Geschichte_der_Russlanddeutschen#Deutsche_Siedler_in_Russland, gefunden am 05.03.2011

[16] Beller, Anna u. a.: „Jetzt sind wir hier", Leipzig 2008, S. 315

[17] N.N.: http://www.zuhause-ev.de/buchprojekt.html, gefunden am 03.03.2011

[18] Ingenhorst, Heinz: die Russlanddeutschen: Aussiedler zwischen Tradition und Moderne, Frankfurt/Main; New York 1997, S.208

[19] Berger, Kai-Uwe: Migration und Integration, Opladen 2000, S.82

[20] Beller, Anna u. a.: „Jetzt sind wir hier", Leipzig 2008, S.31

[21] Interview mit Frau H. Kretschmer am 28.02.2011

Literaturverzeichnis

[1] Beller, Anna u. a.: „Jetzt sind wir hier". Leipzig : Druck: edition winterwork, 2008

[2] Berger, Kai-Uwe: Migration und Integration. Opladen: Leske+Budrich Verlag, 2000

[3] Ingenhorst, Heinz: die Russlanddeutschen: Aussiedler zwischen Tradition und Moderne. Frankfurt/Main; New York: Campus Verlag, 1997

[4] Luft, Stefan: Wie funktioniert Integration? Mechanismen und Prozesse. München: Hanns-Seidel-Stiftung e.V. Hausdruckerei, 2009

BEI GRIN MACHT SICH IHR WISSEN BEZAHLT

- Wir veröffentlichen Ihre Hausarbeit, Bachelor- und Masterarbeit

- Ihr eigenes eBook und Buch - weltweit in allen wichtigen Shops

- Verdienen Sie an jedem Verkauf

Jetzt bei www.GRIN.com hochladen und kostenlos publizieren